J 567.914 LES
Lessem, Don.
Dinosaurios pico de pato

DATE DUE

DINOSAURIOS PICO DE PATO

POR **"DINO" DON LESSEM**
ILUSTRACIONES POR **JOHN BINDON**

EDICIONES LERNER / MINNEAPOLIS

Para Gertrude Lessem, mejor madre que incluso los Maiasaura

Las fotografías que aparecen en este libro son cortesía de: © Museo Estadounidense de Historia Natural, pág. 28; © Don Lessem, págs. 29, 31; © Ron Timblin, pág. 30.

La edición en español fue realizada por un equipo de traductores nativos de español de translations.com, empresa mundial dedicada a la traducción.

ediciones Lerner
Una división de Lerner Publishing Group
241 First Avenue North
Minneapolis, MN 55401 EUA

Dirección de Internet: www.lernerbooks.com

Library of Congress Cataloging-in-Publication-Data

Lessem, Don.
    (Duck-billed dinosaurs. Spanish)
    Dinosaurios pico de pato / por "Dino" Don Lessem ; ilustraciones por John Bindon.
        p.   cm. — (Conoce a los dinosaurios)
    Includes index.
    ISBN-13: 978-0-8225-2959-0 (lib. bdg. : alk. paper)
    ISBN-10: 0-8225-2959-9 (pbk. : alk. paper)
    1. Hadrosauridae—Juvenile literature. I. Bindon, John, ill. II. Title.
QE862.O65L48518 2006
567.914—dc22   2005008928

Fabricado en los Estados Unidos de América
1 2 3 4 5 6 – DP – 11 10 09 08 07 06

CONTENIDO

CONOCE A LOS
DINOSAURIOS PICO DE PATO

¡BIENVENIDOS, FANÁTICOS DE LOS DINOSAURIOS!

Soy "Dino" Don. Los dinosaurios ME ENCANTAN. Los dinosaurios pico de pato siempre han estado entre mis favoritos. Sus extrañas cabezas y dientes los distinguen de los demás grupos de dinosaurios. Éstos son algunos ejemplos sorprendentes.

CORYTHOSAURUS
Longitud: 33 pies (10 metros)
Hogar: noroeste de Norteamérica
Época: hace 78 millones de años

EDMONTOSAURUS
Longitud: 40 pies (12 metros)
Hogar: noroeste de Norteamérica
Época: hace 65 millones de años

GRYPOSAURUS
Longitud: 25 pies (7.5 metros)
Hogar: noroeste de Norteamérica
Época: hace 74 millones de años

LAMBEOSAURUS
Longitud: 30 pies (9 metros)
Hogar: oeste de Norteamérica
Época: hace 74 millones de años

MAIASAURA
Longitud: 30 pies (9 metros)
Hogar: oeste de Norteamérica
Época: hace 75 millones de años

PARASAUROLOPHUS
Longitud: 30 pies (9 metros)
Hogar: oeste de Norteamérica
Época: hace 65 millones de años

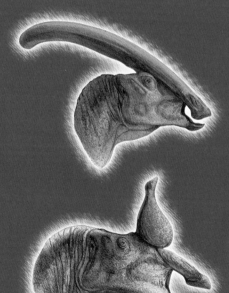

TSINTAOSAURUS
Longitud: 33 pies (10 metros)
Hogar: este de Asia
Época: hace 71 millones de años

¿QUE SON LOS DINOSAURIOS PICO DE PATO?

¿Qué es ese chirrido? Es un grupo de *Parasaurolophus* masticando ramas de árboles de hojas perennes. Estos ruidosos comilones arrancan las ramas y las trituran con cientos de dientes.

Pronto los árboles quedan casi pelados.
El líder del grupo decide ir hacia nuevas
tierras para buscar alimento. Emite un
fuerte graznido a través del hueso con
forma de cuerno que tiene en la cabeza.
Los dinosaurios avanzan.

LA ÉPOCA DE LOS DINOSAURIOS PICO DE PATO

Corythosaurus

Maiasaura

Hace 78 millones
de años

Hace 75 millones
de años

Los dinosaurios como el *Parasaurolophus* se llaman dinosaurios pico de pato o hadrosaurios. Tenían hocicos anchos y chatos con forma de pico de pato. Los dinosaurios pico de pato vivían en grupos grandes denominados **manadas.** Comían plantas, muchas plantas. ¡Un hadrosaurio podía alcanzar el tamaño de un camión de basura!

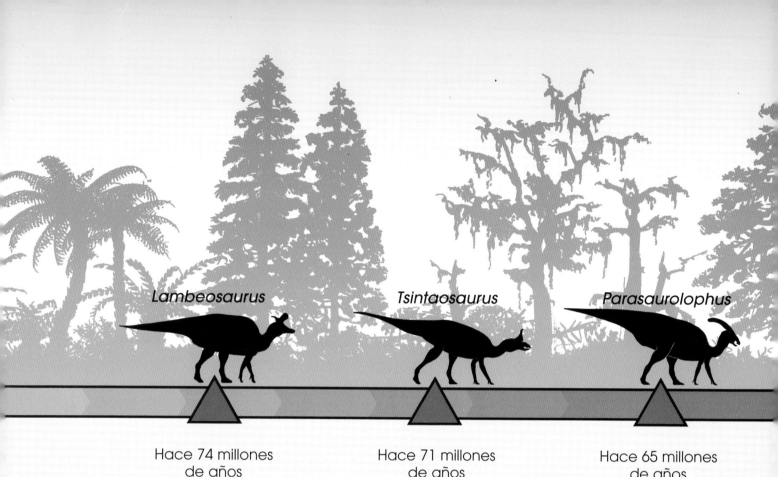

Lambeosaurus

Tsintaosaurus

Parasaurolophus

Hace 74 millones de años

Hace 71 millones de años

Hace 65 millones de años

Los científicos solían pensar que los hadrosaurios y otros dinosaurios eran reptiles. Al igual que los reptiles, los dinosaurios ponían huevos. Muchos dinosaurios tenían una piel escamosa, como los caimanes y las serpientes, pero no eran reptiles. Eran parientes mucho más cercanos de las aves.

HALLAZGOS DE FÓSILES DE DINOSAURIOS

Los números en el mapa de la página 11 indican algunos de los lugares donde se han encontrado fósiles de los dinosaurios que aparecen en este libro. En esta página puedes ver los nombres y las siluetas de los dinosaurios que corresponden a los números en el mapa.

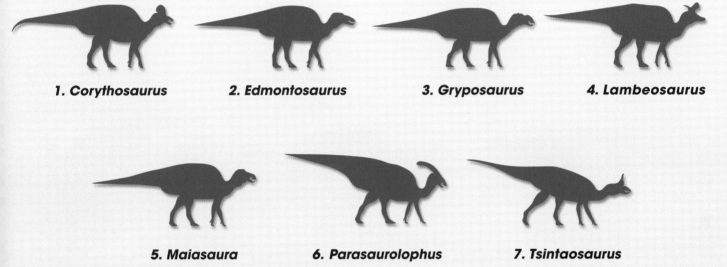

1. Corythosaurus

2. Edmontosaurus

3. Gryposaurus

4. Lambeosaurus

5. Maiasaura

6. Parasaurolophus

7. Tsintaosaurus

Hemos aprendido todo lo que sabemos sobre los dinosaurios a través de sus **fósiles.** Los fósiles son rastros dejados por animales y plantas que murieron. Los huesos, los dientes y las huellas de los hadrosaurios ayudan a los científicos a entender cómo vivían estos dinosaurios. Los fósiles de las crías de los hadrosaurios muestran cómo crecían.

Los científicos incluso han encontrado
excremento fósil. ¡Muestra lo que comían
los hadrosaurios! Los fósiles no nos pueden
decir de qué color eran ni cuál era su
aspecto real. Sí sabemos que sus cuerpos
se parecían mucho, pero sus cabezas eran
muy diferentes.

CABEZAS ASOMBROSAS

Un *Lambeosaurus* macho sacude la cabeza con orgullo ante una hembra. Ella observa la cresta ósea que la corona. ¿Le parece rara? No. Probablemente la encuentre muy atractiva. Parece que los hadrosaurios machos tenían una **cresta** más grande que las hembras. Los científicos creen que los machos la usaban para atraer a su pareja.

Este *Tsintaosaurus* macho usa la cresta para otra cosa. Baja la cabeza y agita la púa con forma de cuerno frente a otro macho. El otro macho también agita la cresta. ¿Pelearán los dos dinosaurios?

A estos dinosaurios chinos no les interesa
pelear. Sólo están tratando de ahuyentar
al otro. Finalmente, uno de los machos
retrocede. El otro *Tsintaosaurus* gana.
Puede elegir una pareja del grupo de
hembras que los observa cerca de allí.

Una manada de *Corythosaurus* cruza el
lecho de un río seco. Un hadrosaurio
detecta el peligro a lo lejos. ¡Se acerca un
Albertosaurus hambriento! El hadrosaurio
sopla a través de la cresta. Un sonido de
trompeta alerta a la manada.

El cazador se acerca, pero la distancia es
demasiado grande. El *Albertosaurus* se
cansa. Los hadrosaurios han sido salvados
por el graznido.

Algunos hadrosaurios, como el
Gryposaurus, no tenían cresta. Los
científicos creen que quizá estos
hadrosaurios tenían un pliegue de piel en
la cabeza. Tal vez los machos inflaban el
pliegue con aire, como un globo de
colores, para atraer a las hembras.

Como la mayoría de los hadrosaurios, los
Gryposaurus tenían un pico con cientos de
dientes pequeños para triturar el alimento. Los
hadrosaurios eran los únicos animales que
masticaban en tres direcciones. Como los
seres humanos, movían los dientes hacia arriba
y abajo y hacia delante y atrás, pero también
movían las mandíbulas de lado a lado.

CRECER CON PICO DE PATO

Ocho *Maiasaura* acaban de salir de los huevos. Las crías no miden mucho más que este libro. Sus huesos son tan blandos que no pueden caminar. Los padres mastican plantas y las escupen dentro de la boca de las crías.

Los jóvenes *Maiasaura* crecerán
rápidamente. Podrán caminar en unas
cuantas semanas. Cuando cumplan un
año, ya tendrán el tamaño de un
rinoceronte adulto.

Miles de *Edmontosaurus* caminan por el norte de Canadá. Los dinosaurios más jóvenes permanecen en medio de la manada para estar más seguros. La manada está **migrando** al sur para el invierno. En el clima más cálido del sur será más fácil encontrar plantas. La manada volverá al norte al comenzar el verano.

¿Cómo sabemos que las manadas de
hadrosaurios migraban? Los científicos han
encontrado millones de huellas fósiles de
hadrosaurios que se dirigen al norte y al sur.
También se han encontrado miles de huesos
de hadrosaurio en un mismo lugar. Toda una
manada debe haber muerto allí, tal vez a
causa de un incendio o una inundación.

Estos *Parasaurolophus* son casi adultos y están
listos para encontrar pareja. Sin embargo,
hay peligros por todas partes. De repente,
una manada de inteligentes *Troodon* ataca.
Los hadrosaurios no tienen garras ni dientes
filosos. No corren rápido. ¿Qué harán?

La manada de *Troodon* se acerca. Los
hadrosaurios se dan vuelta y golpean a los
cazadores con sus anchas colas. Los
golpes hacen volar a los livianos *Troodon*.
Caen al suelo y se alejan cojeando.

EL FIN DE LOS HADROSAURIOS

Los hadrosaurios fueron algunos de los últimos dinosaurios. Desaparecieron hace 65 millones de años. Algunos tal vez murieron por enfermedades. Muchos científicos creen que rocas del espacio, llamadas **asteroides,** quizá chocaron contra la Tierra y levantaron densas nubes de polvo.

Es posible que las plantas murieran cuando
el aire se llenó de polvo y todo se
oscureció. Sin alimento, los hadrosaurios
también habrían muerto.

Hace casi 100 años, unos cazadores de
dinosaurios en el oeste de Canadá hicieron
un descubrimiento asombroso. Encontraron
un dinosaurio pico de pato entero. No era
sólo el esqueleto. La piel del animal se había
convertido en piedra junto con los huesos.
Era una momia de dinosaurio.

Las momias de dinosaurios son muy poco comunes. Sólo se han encontrado cinco momias de hadrosaurios. Nos han mostrado cómo se veían el pico, la piel escamosa y las uñas de las patas de los hadrosaurios.

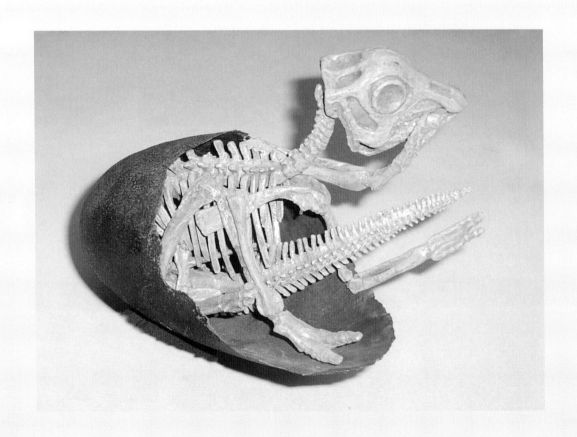

Los científicos antes pensaban que los
dinosaurios no cuidaban a sus crías. Luego,
en 1978, Jack Horner encontró un fascinante
sitio de fósiles en Montana. Descubrió fósiles
de cáscaras de huevo y hadrosaurios
jóvenes. Los restos de los nidos contenían
trozos de plantas. Esta foto muestra un
modelo del fósil de una cría de hadrosaurio.

Jack Horner se dio cuenta de que estos dinosaurios deben haber alimentado a sus crías en el nido. Los denominó *Maiasaura*. Este nombre significa "lagarto buena madre". Los *Maiasaura* ayudaron a los científicos a entender a los hadrosaurios. ¡Eran buenos masticadores y también buenos padres!

GLOSARIO

asteroides: grandes masas rocosas que se mueven en el espacio

cresta: formación ósea hueca sobre la cabeza de un dinosaurio

fósiles: restos, huellas o rastros de algo que vivió hace mucho tiempo

manadas: grupos de animales que viven, comen y viajan juntos

migración: movimiento de un lugar a otro para sobrevivir

ÍNDICE